NIVEL
2

Mi Buenos Aires querido

Delia María De Césaris
Telma Guimarães Castro Andrade

CB019358

2ª edición

Con R.O.

SANTILLANA
ESPAÑOL

"¡Qué rápido pasó el tiempo...! Parece que llegué ayer...", pensó Pedro, mientras miraba por la ventanilla la inmensa cantidad de luces de la ciudad de Buenos Aires.

—¿Quién quiere hacer un viaje de intercambio a Buenos Aires? —preguntó el profesor de Español.

Hacía dos años que Pedro estudiaba Español. Tanto él como sus compañeros se entusiasmaron cuando su profesor les comunicó que el colegio había realizado un convenio de intercambio. Pasar cuarenta días en Argentina era una oportunidad estupenda para aprender mejor el idioma, las costumbres y la cultura de ese país.

¡Viajar solos a los quince años era toda una aventura!

Los jóvenes pidieron autorización a sus padres, llenaron todos los formularios con sus datos personales y los de su familia, sus pasatiempos y expectativas. También enviaron fotografías.

Vivían en una pequeña ciudad del interior del estado de São Paulo y sabían que Buenos Aires es considerada una ciudad de estilo europeo y cosmopolita.

Algunos días después, Pedro recibió el primer correo electrónico desde Argentina con fotos de quienes serían sus anfitriones. ¡Todos en la familia quisieron leerlo!

Desde que tuvo que cambiar de empleo, el padre de Pedro viajaba mucho por países de Sudamérica y les había contado cosas muy interesantes sobre el Mercosur.

—¡Nossa, que "mamá" bonita! —elogiaron Carlos y Joana, hermanos de Pedro.

Ellos también estudiaban Español y deseaban poder compartir el viaje.

—¿Hay un lugar para mí en el avión? —preguntaron al mismo tiempo.

Pedro compró algunos regalos y libros sobre Brasil. También se informó sobre Argentina y su capital, Buenos Aires.

—Pedro, ¡tienes que bailar un tango de Carlos Gardel por mí! —le pidió su abuela, doña Cida, mientras colocaba un disco del "Zorzal Criollo".

—¡Es el mejor cantante de todos los tiempos! —dijo emocionada.

—Te traeré un recuerdo de Gardel —le prometió su nieto, aunque conocía muy poco de ese cantante.

Pedro y sus amigos solo hablaban sobre el intercambio, estaban muy ansiosos. Esos días comenzaba el Campeonato Mundial de Fútbol. La familia argentina le comunicó, por correo electrónico, que invitaba a su casa a todo el grupo brasileño para ver, junto a un grupo de hinchas argentinos, el partido entre Argentina y Brasil. Pedro respondió que ese día sería de fiesta, cualquiera fuese el resultado.

—Respeten al país vecino, permanezcan el máximo de tiempo posible con la familia que los recibe. ¡Y nada de hablar portugués! —alertó al grupo el profesor de Español.

Pedro se asustó con la voz del comandante:

«Señores pasajeros, ajusten sus cinturones de seguridad. Estamos descendiendo hacia la ciudad de Buenos Aires. La temperatura es de 10 °C. Noten que estamos sobrevolando e estuario del Río de la Plata y, a nuestra derecha, la plana y extensa ciudad de Buenos Aires. Prepárense para el aterrizaje en el aeropuerto de Ezeiza».

Cuando el avión aterrizó, Pedro y sus compañeros tomaron sus bolsos de mano y se pusieron los abrigos.

—¡Miren! ¡Hicieron un cartel para nosotros! —exclam Pedro.

Las familias, intentando saludarlos, les hacían señas, entusiasmadas por su arribo.

Miguel y su familia lo reconocieron enseguida.

—¡Pedro, aquí! —gritaron.

El joven y sus acompañantes tomaron su equipaje de la inta. Todos fueron recibidos con alegría y afectuosamente. 'edro se despidió de sus amigos.

—¡Hola! ¿Qué tal? Soy Rosario, tu nueva "mamá".

—Y yo soy tu nuevo "papá". ¿Qué tal? Bienvenido, s muy agradable tenerte con nosotros. Espero que lo pases nuy bien. ¿Y el viaje? ¿Cómo fue? —preguntó Pablo, sonriendo.

—¡Hola! ¿Cómo estás? —Miguel no dejó que Pedro espondiese. Ya estaba ayudando a su amigo con la valija la mochila.

Ana, la hermana, hablaba muy rápido. Pedro no entendía nada.

—¡Chicos, hablen más despacio! —pidió Rosario, atenta.

Desde el aeropuerto, Pedro llamó por teléfono a sus padres.

—Estoy muy bien y ya encontré a mi familia argentina —les contó.

Después de la llamada, Pablo pidió:

—¡Vamos! Nuestro joven brasileño está cansado por el viaje.

Antes de dejar el aeropuerto, Pablo gentilmente se ofreció para cambiar el dinero de Pedro por pesos argentinos.

De camino a la casa, Pedro observó la autopista bordeada por césped y árboles. Muchas casas tenían techos rojos y jardines bien cuidados. También había algunos edificios y barrios obreros, con casas más sencillas. Se podía divisar a lo lejos, entre la bruma de la ciudad, una inmensa cantidad de rascacielos.

La familia Martínez vivía en el barrio de Belgrano.

Señalando una casa de dos pisos, Ana se apresuró a explicar:

—Esta es nuestra casa.

Había una bandera argentina y una brasileña, izadas en una de las ventanas.

Pedro se sentía feliz.

—*Puxa, que legal!* —exclamó en portugués.

—¿Te gustó? Fue idea mía —dijo Miguel, orgulloso, ayudando nuevamente a su "nuevo hermano" con las valijas. Ana se adelantó, corriendo para mostrarle su habitación.

Se escuchó un ladrido y Ana llamó:

—Lassie, vení.

La perra olfateó a Pedro y saltó a sus brazos.

—¡Mi perra también se llama Lassie! —comentó Pedro, riendo ante la coincidencia.

Después de una buena ducha, Pedro se vistió para el almuerzo.

—¿Dónde pongo la ropa sucia? —le preguntó a Miguel.

—Dentro del cesto, en el baño. El sábado, ponemos todo en el lavarropas. Mamá perdió el trabajo el año pasado, por eso ayudamos más en casa. Tuvimos que cortar algunos gastos y despedir a nuestra empleada. ¿Sabes? Mi hermana y yo ahora vamos a una escuela estatal —comentó Miguel.

—¿Y tu mamá ya encontró otro trabajo? —preguntó Pedro, preocupado.

—Consiguió unas traducciones para hacer en casa. Estudió Letras y mi abuelo, que era alemán, le enseñó esa lengua de niña. Con ese trabajo consigue pagar algunas cosas. Mejor algo que nada ¿no te parece?

—Mi tío también está desempleado y su familia tiene que ahorrar. El desempleo ha aumentado mucho en Brasil en los últimos años —comentó Pedro, solidarizándose con su amigo.

Bajaron para el almuerzo. Miguel presentó a su abuela a Pedro.

Doña Candelaria —este era su nombre— le preguntó inmediatamente:

—¿Ya conocías Buenos Aires, Pedro?

—No, no la conocía...

—¿Y a Gardel? ¿Sabes algo sobre él? —preguntó doña Candelaria, interrumpiéndolo.

—Mi abuela me habló de Gardel y...

—¡Ah! Gardel... —comenzó a hablar doña Candelaria.

—Mamá, vamos a dejar que Pedro pruebe nuestra comida favorita —intervino Rosario, que conocía la pasión de su madre por la música típica argentina. Gardel era su asunto preferido: cuando comenzaba a hablar sobre él, no paraba más...

—Y... ¿qué te parece, Pedro? —le preguntó Rosario.

—*Que delícia!* ¿Cómo le dicen a esta comida aquí? —preguntó Pedro.

—Son empanadas salteñas; las hice en tu honor —informó doña Candelaria.

—Están "exquisitas", abuela —dijo Ana.

—¡¿Exquisitas?! —Pedro se sorprendió—. ¡Para mí están muy buenas!

Todos se rieron de su ocurrencia, explicándole que "exquisito" en castellano quiere decir "excelente", "muy bien preparado", "riquísimo".

—Ah..., sí, me confundí, ¡qué lío! ¿Se dice así, verdad...?

—¡Sí...! —le respondieron todos riendo.

Después del almuerzo, Pedro entregó sus regalos a Pablo, Rosario, Miguel y Ana, diciendo con tono teatral:

—¡¡¡Ta-tan... ta-tan...!!! Para Miguel... la camiseta de la selección brasileña...

Miguel agradeció y le entregó también su regalo a Pedro. Como no podía ser de otra manera, era... ¡una camiseta de la selección argentina!

Todos rieron y aplaudieron.

Pedro y Miguel charlaron durante horas aquella tarde. Hablaron sobre deporte, chicas, sus paseos preferidos y hasta jugaron al truco.

A las cinco y media, Rosario los llamó para tomar el té.

—¡Uy! Ni me di cuenta que pasó el tiempo —dijo Pedro, extrañado.

Ana invitó a una amiga para tomar el té.

—Hola ¿Qué tal? Mi nombre es Sofía. Soy compañera de curso de Ana.

Pedro pensó que era muy bonita.

—Estuve en Río de Janeiro el año pasado. ¡Me encantó Brasil! Allá no hay solo fútbol, samba, carnaval, violencia y el Amazonas... ¿eh? —dijo Sofía.

—Sí, y en Argentina no existe solo fútbol, tango y Bariloche... —agregó Pedro, interesado en que se conociera bien a su país.

Rosario les avisó que vendría, antes del partido, una amiga periodista para entrevistarlos. Los cuatro aplaudieron, haciendo bromas sobre su repentina celebridad.

Doña Candelaria resolvió quedarse para ayudar con la cena. Rosario suspiró aliviada, pues tenían mucho que hacer hasta el día siguiente.

El grupo hizo planes para los días en que Pedro estaría en Buenos Aires.

—¡Te vamos a mostrar el estadio de Boca Juniors! —dijo Miguel.

—¡Le decimos la Bombonera! —agregó Ana.

—¡Te llevaremos a una presentación de tango en la Feria de San Telmo! —la abuela de Miguel gritó desde la cocina.

—¡Y también al *shopping*! —Sofía sonrió a Pedro, que estaba mareado con tantas sugerencias.

—¿Qué tal si hacemos un programa? Creo que es mucho mejor.

Miguel buscó un papel, bolígrafo y comenzó a escribir:

2/7 domingo – Partido Brasil x Argentina

3/7 lunes – Primer día de clase de Pedro

7/7 viernes – Cine

8/7 sábado – Feria de San Telmo

9/9 domingo – Desfile del Día de la Independencia. Tren de la Costa y El Tigre

12/7 miércoles – Museo de Bellas Artes

15/7 sábado – Calle Florida, plaza San Martín, avenidas Santa Fe y 9 de
        Julio, Obelisco

16/7 domingo – Plaza de Mayo y Costanera

23/7 domingo – Mañana: jugar un picado

        Tarde: partido River x Boca

—¡No sé jugar un picado! —exclamó Pedro.

Todos dieron una carcajada. Hasta Lassie ladró.

—Aquí le decimos así a jugar al fútbol con los amigos —explicó Miguel.

—¡Ah! ¡Qué interesante! Es lo que nosotros llamamos *pelada*.

Conversaron hasta muy tarde. Cuando los padres de Sofía fueron a buscarla, Ana se despidió de su amiga, bromeando:

—Así que vos y Pedro se hicieron muy amigos ¿no?...

Sofía se quedó un poco desconcertada ante el comentario. Pedro comenzó a hablar con Miguel para disimular. Poco después, Pedro y sus hermanos dieron las buenas noches a sus padres y se fueron a dormir.

A la mañana siguiente, Miguel fue a despertar a Pedro.

—¡Hora del desayuno! ¡Los otros brasileños llegan después de las once! ¡Mejor que nos apuremos! —exclamó Miguel.

Pedro fue al baño, se lavó la cara y los dientes. Se puso un pantalón y la camiseta de la selección brasileña, después bajó hacia la cocina para tomar el desayuno.

Había café con leche, pan con manteca, dulce de leche, medialunas, facturas y mermelada…

—Pedro, probá nuestra mermelada —dijo Miguel.

Como Pedro no sabía qué era mermelada, recordó entonces los consejos de su madre: «Tienes que ser educado y probar de todo un poco».

—Hmmmm... Parece *geleia*... —dijo pasando la mermelada en el pan—. ¡Pero... mermelada es *geleia*!

Rosario y su madre arreglaron la sala para que los chicos pudieran ver el partido.

El timbre no paraba de sonar. Los otros brasileños llegaban vistiendo camisetas de la selección brasileña y, ¡por supuesto!, sus "hermanos argentinos" vestían camisetas de la selección argentina. Los brasileños llevaban el rostro pintado de verde y amarillo; los argentinos, de celeste y blanco.

Los hinchas ocuparon toda la sala. La amiga periodista de Rosario llegó con dos colegas, un iluminador y un camarógrafo. Primero entrevistó a los jóvenes brasileños.

—¿Por que eligieron Buenos Aires para el intercambio?

—Porque nuestro profesor... —todos respondían al mismo tiempo, ansiosos por aparecer en televisión.

Después intercambiaron las camisetas: los argentinos se pusieron las de Brasil y los brasileños las de Argentina.

—¡Está casi listo el reportaje para el noticiero de las ocho! —declaró, triunfante, la periodista.

El partido comenzó. Todos se quedaron callados y pendientes de lo que ocurría en el campo de juego. Hasta los periodistas se acomodaron para presenciar el partido. De repente, un gol de Argentina.

—¡Gooooooooool! —los Martínez y sus invitados argentinos se abrazaron, contentos.

—¡No es posible! —murmuró Pedro, con tristeza.

—¡Vamos, Brasil, que necesitamos un gol! —reclamaban Gustavo y Gabriel, compañeros de viaje de Pedro.

Después de muchos nervios y gritos, finalmente el gol de Brasil trajo alegría a los jóvenes.

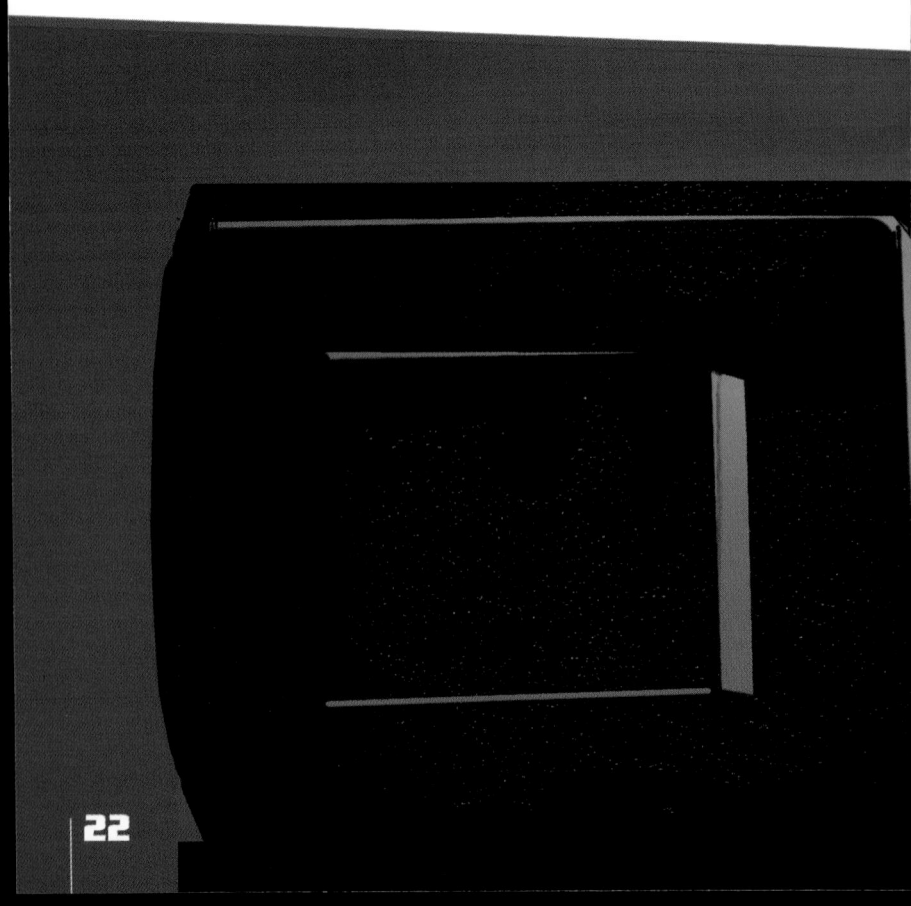

—¡Brasiiiiiiiiiiiil! ¡Brasiiiiiiiiiiiil! —los brasileños gritaban y saltaban sin parar.

Al final, un empate...

Rosario y su madre sirvieron la merienda. ¡La torcida brasileña y los hinchas argentinos devoraron toda la comida sin parar de hablar sobre el partido!

Al anochecer los padres fueron a buscar a sus hijos argentinos y brasileños. Sofía se quedó para ver el noticiero con sus amigos.

La entrevista salió al aire a las ocho de la noche. Los chicos y las chicas aparecieron en la televisión con las camisetas intercambiadas. Todos vibraban, comentaban, hacían chistes...

—¡Vos saliste regia! —Pedro elogió a Sofía,
hablando ya casi como un argentino.

—No, vos estuviste mejor… ¡Te expresaste muy bien!
—exclamó Sofía.

—¡Por lo menos no cambié hinchada por "torcida"!
—dijo Pedro, mientras los demás se reían sin parar.

Los padres de Sofía fueron a buscarla más tarde.

—Chicos… ¡Hora de dormir! Mañana es el primer día de
Pedro en la escuela. ¡Y las clases comienzan bien temprano!
—recordó Pablo.

Todos se fueron a dormir, cansados de tanta actividad.

Al día siguiente, en la primera clase, Pedro fue el centro de todas las atenciones.

—¿Trajiste fotos de Brasil? —le preguntó uno de los chicos.

—¡Claro! Y no solo fotos, sino también un vídeo.

En la tercera hora de clase, el profesor de Castellano reunió los grupos para ver el vídeo. A cada escena presentada, alguien interrumpía para hacer preguntas.

—¿Aquello es una *favela*? —quiso saber Sofía.

—Sí, es la Rocinha, en Río de Janeiro. Todavía no he visto *favelas* en Buenos Aires. ¿Aquí también hay ese tipo de barrios?

—Aquí se llaman "villas de emergencia". Espera que ya conocerás una muy grande que está cerca de la estación de trenes de Retiro —le aclaró Sofía.

La selva amazónica apareció en la pantalla y una de las chicas preguntó:

—¿Es verdad que ustedes están "vendiendo" la selva?

—Bien… Esa es una cuestión complicada. Hay muchos brasileños realmente interesados por la preservación de la selva amazónica, pero hay otros que solo están preocupados con sus intereses económicos… —respondió Pedro.

El vídeo terminó a las diez de la mañana y los alumnos volvieron a sus aulas. Cuando finalizaron las clases de ese día se fueron a sus casas.

La primera semana de Pedro en Buenos Aires pasó muy rápido.

El viernes, después del colegio, Pedro y sus amigos fueron al cine a ver una película de terror. Compraron pochoclo y gaseosas. Sofía se sentó al lado de Pedro y, como la película estaba doblada al castellano, le explicó algunas escenas. Él estaba tan nervioso que casi tiró su bebida en la falda de su amiga.

Miguel contuvo la risa. "¡Me parece que mi hermano está enamorado!", pensó.

De repente, en una escena de mucha tensión, Sofía agarró, asustada, el brazo de Pedro. Terminaron la película tomados de la mano.

El sábado hizo mucho frío. Después de un rico y caliente desayuno, todos se pusieron sus abrigos para salir. Pablo los llevó a buscar a Sofía y poco después los dejó en la Feria de San Telmo.

Pedro sacó muchas fotos. Aunque el día continuaba frío, el cielo estaba azul. Las personas parecían simpáticas y estaban muy bien vestidas.

—¡Abuela! ¿Qué hacés por aquí? —casi gritó Miguel al ver a su abuela en la Feria.

—¡Hola, Miguel! ¡Mirá, me compré otro disco de Gardel! —exclamó feliz doña Candelaria, saludando a todos con un beso.

De un tocadiscos antiguo venía el sonido de un conocido tango de Gardel: "Mi Buenos Aires querido". Doña Candelaria tomó a Pedro de la mano para bailar. Al principio, él no sabía qué hacer, pero, poco a poco, con el apoyo de sus amigos, aprendió algunos pasos.

—Usted me hace recordar a mi abuela. Principalmente por su pasión por Gardel —dijo Pedro.

Miguel sacó una foto, exactamente en el momento en que Pedro casi pisa a doña Candelaria.

—¡Esta se la vas a mostrar a tus amigos de Brasil! ¡Y también a tu abuela! —bromeó Miguel.

Pedro recordó lo que le prometió a doña Cida y le compró un póster y un CD de Gardel.

El 9 de julio asistieron al desfile de conmemoración del Día de la Independencia. A todos les llamó la atención el colorido de los uniformes de los granaderos a caballo, el cuerpo militar que protege al presidente argentino.

Después tomaron el subterráneo, fueron hasta el famoso Teatro Colón, pasearon en el Tren de La Costa y llegaron hasta El Tigre.

Pedro sacó muchas fotos del pintoresco recorrido del tren y de las embarcaciones que llevan pasajeros por el río hasta el delta del Paraná.

Pasaron quince días. Durante ese período, Pedro y sus amigos visitaron el Museo de Bellas Artes, la calle Florida, la plaza de Mayo, el Obelisco, en fin, todo lo que habían programado. Pedro estaba cada vez más encantado con la ciudad de Buenos Aires.

El domingo 23, por la mañana, jugaron un divertido picadito en un campito del barrio. Hasta hinchas tuvieron. Sofía también estaba allí para felicidad de Pedro, que trató de mostrar, sin mucho éxito, sus dotes futbolísticas.

A las tres de la tarde, los padres de Miguel dejaron a los chicos en el estadio. Pedro encontró algunos de sus compatriotas al frente de "la Bombonera". ¡Fue muy gracioso! Él y otros tres amigos llevaban puesta la camiseta de River Plate, como sus anfitriones. Los otros seis tenían la de Boca Juniors. Compraron gorros, banderines, cornetas…

Pedro se sentó al lado de Sofía.

—Te voy a extrañar cuando vuelva a mi país… —se animó a decirle, finalmente.

—Yo también… —dijo ella, poniéndose colorada.

Y el partido comenzó. River hizo su primer gol justamente al final del primer tiempo… pero Boca empató apenas un rato después de que empezara la segunda mitad del juego.

El resultado fue… River 2 x Boca 1.

Después del partido fueron hasta Caminito, la famosa calle donde las casas están pintadas de vivos colores. A lo largo de ella, diferentes artistas exponían sus obras. También había cantantes de tango y folclore.

Cerca de allí había un restaurante típico.
Pablo invitó al grupo:

—¿Vamos a cenar? ¡Aquí hay un grupo de música folclórica que canta y baila muy bien!

Todos disfrutaron de las danzas típicas y del delicioso asado criollo. Las parejas de bailarines danzaban zapateando y agitando sus pañuelos al son de la música. Se sucedían zambas, chacareras, vidalitas, cuecas y carnavalitos.

El grupo de bailarines danzó, en honor a los visitantes extranjeros, el pericón, la danza nacional argentina. Todos aplaudieron con emoción y entusiasmo cuando los bailarines formaron la bandera argentina, entrelazando sus pañuelos celestes y blancos.

Cuando terminaron de cenar, Sofía invitó a los amigos a tomar un café a su casa. Allí escucharon música y conversaron hasta tarde, mientras Pablo y Rosario charlaban con los padres de Sofía.

Mirándose a los ojos, Pedro y Sofía se besaron y se despidieron dulcemente...

Para ambos era el primer beso.

Esa noche, Pedro sintió que sería difícil volver a casa. Extrañaba a sus padres, pero... Suspiró hondo y cerró los ojos pensando en Sofía. "Todavía tengo unos días aquí... Ah, Sofía... Bueno, por lo menos seguiré comunicándome con ella por Internet", se consoló.

Era tarde cuando le pareció escuchar que, desde lejos y entre los ladridos de Lassie, venían los acordes ya conocidos de "Mi Buenos Aires querido".

Pensativo, Pedro se preguntaba, mientras se quedaba dormido, si esa música era realidad o producto de su fantasía. Aquella noche tuvo muchos y agradables sueños…

Cuando Pablo lo despertó y mientras se preparaba para compartir otro día con sus amigos, Pedro pensó aliviado que llevaría siempre en su corazón aquellos días en Buenos Aires.

"Al final de cuentas", pensó, "Brasil no queda tan lejos de Argentina…", y se lanzó escaleras abajo, acompañado por Lassie, que saltaba y ladraba, como si entendiera sus pensamientos…

GLOSARIO

abuela: avó
ahorrar: poupar
ahorro: poupança
anochecer: anoitecer
***apuremos:** apressemos —
verbo *apurar*
arreglaron: arrumaram —
verbo *arreglar*
arribo: chegada
asado criollo: churrasco
atento: atencioso
aunque: mesmo que
autopista: rodovia com pedágio
ayer: ontem
bajaron: desceram — verbo *bajar*
bolígrafo: caneta esferográfica
broma: brincadeira
bromeando: gracejando,
brincando
cambié: troquei (dinheiro) —
verbo *cambiar*
Caminito: nome de uma rua
famosa do bairro La Boca, em
Buenos Aires
campito: quadra improvisada onde
se colocam estacas ou pedras
para marcar o local do gol e os
limites do campo de jogo
carcajada: gargalhada
Carlos Gardel: famoso cantor de
tangos da década de 1930
carnavalito: dança folclórica do
norte argentino e da Bolívia
casa de dos pisos: sobrado
celeste y blanco: azul e branco
cenar: jantar
césped: grama
chacarera: música e dança
folclórica argentina, de ritmo
rápido e alegre
charlaron: bateram papo,
conversaram — verbo *charlar*
chica/chico: garota/garoto

chiste: piada
clase: aula
colorado: vermelho
contuvo: conteve —
verbo *contener*
cosmopolita: que apresenta
aspectos comuns a vários
países; que sofre influência do
estrangeiro
***cueca:** música folclórica argentina
desayuno: desjejum, café da
manhã
desde lejos: de longe
despacio: devagar
despertó: acordou —
verbo *despertar*
dulce de leche: doce de leite
empanadas salteñas: comida
típica do norte da Argentina;
espécie de pastel, recheado
com carne moída, azeitona,
uvas-passas e condimentos
empezara: começara —
verbo *empezar*
exquisitos: refinados, deliciosos
extrañaba: tinha saudade —
verbo *extrañar*
factura: espécie de pão de leite
doce, com diferentes tipos de
cremes e geleias como recheio
falda: saia
gaseosa: refrigerante
gracioso: engraçado
hacés: verbo *hacer*, 2ª pessoa do
singular (expressão coloquial
correspondente ao uso do
"voseo")
hasta: até (preposição)
hijos: filhos
***hinchada:** torcida (substantivo)
hinchas: torcedores
hondo: fundo
honor: honra

---

*As palavras assinaladas com asterisco são falsos cognatos ("falsos amigos").

invitados: convidados
invitó: convidou — verbo *invitar*
izada: içada
lío: bagunça
listo: pronto
llamó (por teléfono): ligou (por telefone) — verbo *llamar*
*__llegaban:__ chegavam — verbo *llegar*
llenaron: preencheram — verbo *llenar*
martes: terça-feira
medialuna: pão tipo *croissant*
Mercosur: Mercosul, sigla de Mercado Comum do Sul
*__mermelada:__ geleia
mientras: enquanto
mira: olhe — verbo *mirar*
nuevos "mamá/papá": denominação dada aos pais da família anfitriã nas viagens de intercâmbio juvenil
*__padres:__ pais
pantalla: tela
pantalón: calça
pañuelo: lenço
*__partido:__ partida (jogo)
*__pendientes:__ muito atentos
perra: cachorra
picadito/picado: pelada; partida de futebol improvisada, em qualquer terreno baldio (também chamado *campito* ou *potrero*), com duração livre e número de jogadores indefinido
pochoclo: pipoca
por supuesto: evidentemente
quedó: ficou — verbo *quedar*
*__raro:__ esquisito
rascacielos: arranha-céu
*__rato:__ momento, pouco tempo, período curto de tempo
regalo: presente
regio: legal, muito bom, encantador
riquísimo: deliciosíssimo
rojo: vermelho

sacó: tirou — verbo *sacar*
sala: sala de visitas
selva: selva, floresta
seña: sinal, aceno
sencilla: simples
solo: somente
*__sonar:__ soar
subterráneo: trem que anda totalmente abaixo da superfície, em Buenos Aires, metrô
techo: telhado
temprano: cedo
timbre: campainha
*__tiró:__ derrubou — verbo *tirar*
todavía: ainda
tomar el té: tomar o chá da tarde, na hora da merenda (hábito argentino)
tomaron: pegaram — verbo *tomar*
*__torcida:__ torcida (adjetivo)
truco: jogo de baralho
ustedes: os/as senhores/as (tratamento formal)
vacaciones de invierno: período de férias, de 15 dias, que gera um fluxo de turismo muito importante para a cidade de Buenos Aires; nessa época há grande quantidade de eventos recreativos e culturais.
vacaciones: férias
valija: mala
ventanilla: janela
vidalita: dança folclórica do sul da Argentina
villas de emergencia: favelas
volvieron: voltaram — verbo *volver*
vos: tu (fenômeno do *voseo* próprio do tratamento informal, de uso generalizado no território do Rio da Prata)
zamba: dança folclórica argentina
Zorzal Criollo: apelido dado a Carlos Gardel, pela beleza de sua voz (zorzal é uma ave)

ACTIVIDADES

1. Señala si es verdadero (V) o falso (F).
   a) (   ) Hacía cinco años que Pedro estudiaba Español.
   b) (   ) Los compañeros estaban indiferentes ante el viaje.
   c) (   ) Pedro avisó a sus padres.
   d) (   ) Viajar es una buena oportunidad para conocer y hacer amigos.
   e) (   ) Los padres de Pedro no aprobaban el viaje.

2. Ordena las partes de este párrafo en una secuencia lógica (coloca números del 1 al 3).
   a) (   ) Pedro respondió que ese día sería de fiesta, cualquiera fuese el resultado.
   b) (   ) En esos días comenzaba el Campeonato Mundial de Fútbol.
   c) (   ) La familia de Miguel le comunicó, por correo electrónico, que invitaba a su casa a todo el grupo brasileño para ver, junto a hinchas argentinos, el partido entre Argentina y Brasil.

3. Pedro respondió que sería un día de fiesta cualquiera fuese el resultado del partido. ¿Estás de acuerdo? Pregúntales a tus compañeros.

4. Completa las siguientes oraciones con los verbos y "falsos amigos" abajo:

alertó	apuremos	ayudando	cambiarlo	cueca
dijo	elogiaron	escuchó	exquisitos	hablar
hinchada	llenaron	mermelada	padres	partido
pendientes	sonar	permanezcan	torcida	tiró

   a) Juan _____ la basura, _____ a su madre con la limpieza de la casa.
   b) _____ el paso, debemos llegar rápido al dentista porque mi cara está muy _____
   c) El altavoz los _____ para estar _____ de la salida del avión que los llevaría de vuelta a su país.
   d) Mis _____ _____ mucho la obra de aquel gran escritor.

e) Me sorprendí cuando mi amigo me _____: Tienes la nariz un poco _____.

f) Nos reímos mucho cuando los chicos _____ de _____ los sabrosos panes que acababa de hornear mi abuela.

g) Por favor, _____ en silencio mientras el profesor nos muestra cómo se baila la _____.

h) Era muy común escucharles _____ de lo _____ que son los famosos dulces españoles.

i) Al ver que el jarrón elegido estaba _____, tuvo que _____ por otro que era más costoso.

j) Cuando _____ _____ las campanas de las iglesias, recordó las apacibles tardes de su ciudad natal.

5. "Respeten al país vecino, permanezcan el máximo de tiempo posible con la familia que los recibe. ¡Y nada de hablar portugués! —alertó al grupo el profesor de Español". Comenta con tus compañeros el significado de la recomendación del profesor de Español. ¿Qué opinas sobre ese tema?

6. ¿Conoces a alguna persona que viajó a Argentina? Pregúntale si conoce la ciudad de Buenos Aires y los lugares que visitó Pedro.